RÉFLEXIONS

SUR

LA LIBERTÉ DE LA PRESSE,

Par F.-J. BAUDOUIN,

Député suppléant à l'Assemblée constituante, ancien Imprimeur du Corps législatif, et Doyen des Imprimeurs de Paris.

La discussion sur la liberté de la presse n'a, jusqu'ici, produit aucun résultat satisfaisant.

La liberté illimitée d'imprimer fut, à l'époque de 1792, suivie de la plus affreuse licence, et enfin de l'anarchie.

La liberté de la presse fut ensuite comprimée avec une violence telle, que ceux qui avaient été constitués par la loi, soit pour la défendre, soit pour protéger la liberté individuelle, n'ont pu trouver dans leur courage assez de force, ni dans la loi assez de garantie pour s'opposer aux actes arbitraires qui les ont enfin totalement anéanties toutes les deux.

La licence de la presse amène infailliblement l'anarchie, comme la censure est la conséquence infaillible du despotisme. Les mesures qui, sous le prétexte de prévenir les abus de la presse, n'ont pour objet que de l'entraver, finissent par l'anéantir.

Tous ceux qui se sont présentés pour discuter sur cette question, quoique partagés d'opinion, veulent la liberté de la presse ; mais les uns craignent cette licence qui renverse et détruit tout, même les institutions les plus morales et les plus utiles ; les autres redoutent les attentats contre la liberté individuelle, et ces actes arbitraires de la tyrannie qui mènent directement à l'esclavage et à la barbarie.

Ainsi, les uns ne veulent point que l'on provoque impunément à la sédition, au meurtre et aux outrages, que l'ordre social soit troublé par la diffamation ou la calomnie : les autres ne veulent point que l'homme courageux qui signale les abus d'autorité, les excès du pouvoir ; que le défenseur intrépide de l'innocence, opprimée par l'homme puissant, soit exposé arbitrairement à la perte de sa liberté : tous ont raison.

Le Roi lui-même n'a-t-il pas partagé ces deux opinions en rétablissant la liberté de la presse, mais avec une loi répressive de la licence ?

Tel est en effet le seul but auquel on doive se proposer d'atteindre.

Tous ceux qui, jusqu'à ce moment, ont écrit sur ce

point si important de la législation, ont présenté des vues lumineuses, ont disserté avec beaucoup de sagacité sur les avantages ou les inconvéniens de la presse ; mais aucun d'eux n'a posé, discuté ou résolu la véritable et seule question à examiner.

« La liberté d'avoir une imprimerie et d'exercer la
» profession d'imprimeur, sans l'intervention de l'au-
» torité publique, est-elle la conséquence immédiate
» et nécessaire de la liberté d'émettre son opinion par
» la voie de l'impression ? »

L'affirmative rend toute espèce de loi parfaitement inutile. Dès que les imprimeries pourront se multiplier à l'infini et à l'insu de l'autorité, comment opposer une résistance convenable à ce torrent impétueux, contre lequel toutes les digues deviennent impuissantes, si l'exercice de l'imprimerie devient tellement libre qu'il ne soit assujéti à aucune formalité, à aucune condition préalables ? Comment se défendre d'un ennemi inconnu ? Comment atteindre le coupable dont le crime ne laisse aucune trace ?

Il résulte de l'affirmative qu'une imprimerie n'est plus qu'une écritoire dont chacun peut faire usage à son gré ; que le journaliste le plus obscur, sans avoir le besoin d'obtenir une autorisation préalable quelconque, peut imprimer son journal ; que tout individu, n'importe pour quelle spéculation, est libre d'avoir ou

d'élever une imprimerie sans la permission du Gouvernement, sans même qu'il en soit instruit.

On conçoit aisément que, pour une telle fabrique
de calomnies ou de libelles séditieux, le matériel de
ces arsenaux du crime sera réduit au minimum. L'individu tâchera de se soustraire aux peines afflictives,
et sa responsabilité pécuniaire n'aura rien à offrir
aux victimes de la diffamation ou de la calomnie.
L'imprimerie de Marat ne valait pas douze cents francs.

Pourrait-on croire que le principe de la liberté
illimitée d'exercer l'imprimerie ait trouvé des défen-
seurs zélés dans les Assemblées constituante et légis-
lative ? Les sectateurs d'un système aussi dangereux
ne voulaient, en s'attirant la faveur populaire, que
faire triompher un parti ; en s'exagérant les avantages
qu'ils pouvaient momentanément recueillir de la liberté de la presse, ils n'apercevaient pas l'écueil
terrible contre lequel ils viendraient eux-mêmes se
briser, dès que cette faveur populaire, dont ils se
montraient si jaloux, les aurait subitement abandonnés.
En rompant ainsi, tout-à-coup, les chaînes par lesquelles la licence de la presse se trouvait retenue,
ils ont posé la première pierre du temple de l'anarchie ; ils ont affilé le glaive sous lequel leurs têtes
devaient incessamment tomber.

Voudrait-on être ramené à ces temps désastreux ?

Ceux qui seraient encore tentés de défendre une aussi fausse doctrine, ont-ils bien réfléchi sur la différence existante entre une écritoire et une imprimerie ?

A peine pourrait-on distribuer vingt exemplaires d'un libelle écrit dans l'intervalle du temps suffisant, pour en répandre à la fois, dans toutes les parties du royaume, dix milliers, à l'insu même de celui contre lequel il serait dirigé.

Il est quelquefois possible de découvrir, par l'écriture même, l'auteur du libelle écrit ; mais comment atteindre l'auteur du libelle clandestinement imprimé et distribué ? L'impression ne laisse point de vestiges ; c'est le coup parti d'un fusil à vent, d'autant plus cruel, qu'il est reçu avant même de le prévoir et de pouvoir s'en défendre. Comment en effet reconnaître de quelle presse sort un ouvrage, lorsque dix, vingt, cent imprimeurs peuvent avoir les caractères du même fondeur ? D'ailleurs, comment exercer une surveillance quelconque sur des établissemens qui sont hors de la portée de toute surveillance ?

L'affirmative ne peut donc être soutenue ; la liberté illimitée de l'exercice de l'imprimerie est trop contraire à l'ordre social et à la tranquillité publique, pour que personne soit tenté de la réclamer.

La liberté illimitée de la presse ne peut donc être

réclamée que par des esprits ardens et irréfléchis auxquels on pourrait attribuer l'intention de se faire chefs de faction, ou d'en faire l'objet d'une spécula-tion mercantile et par conséquent odieuse.

A combien de journaux l'appât d'un gain sordide n'a-t-il pas donné l'existence ? A certaines époques les journalistes ne s'entre-déchiraient-ils pas, en se disputant leurs abonnés, comme les oiseaux de proie se disputent un cadavre ?

En 1792, les imprimeries opposées au parti do-minant furent brisées, saccagées, anéanties. En 1793, les oppresseurs furent, à leur tour, opprimés. Le Trône et le Directoire ne purent résister à la licence de la presse : la compression de la presse a détruit le dernier Gouvernement, comme elle avait anéanti le Gouvernement révolutionnaire. Deux excès contraires amènent ainsi à un même résultat.

C'est donc une vérité démontrée *qu'aucun Gou-vernement ne saurait plus subsister en France. sans la liberté de la presse.*

Pour que cette liberté existe d'une manière durable, il faut donc qu'elle repose sur des bases solides ; et pour y parvenir, l'exercice de la presse doit être limité et n'être confié qu'à des hommes en état de répondre de leurs travaux par leur probité, une conduite non

démentie, enfin par une expérience et des connais-
sances acquises, qui offrent à la Société entière une
responsabilité qui ne soit point chimérique.

Le droit de faire usage de substances vénéneuses
ne confère point indifféremment et indistinctement,
à toutes sortes de personnes, celui de les préparer
et de les débiter.

Mais ces Imprimeurs, quoique brevetés ou commissionnés par le Roi, après avoir subi les épreuves,
et rempli les conditions préalables exigées par un
réglement particulier émané de l'autorité royale,
dès qu'ils seront investis de cette confiance honorable,
ne doivent plus être exposés à une arrestation arbitraire,
à une destitution ministérielle ; car la crainte d'une
lettre de cachet et d'une destitution illégale serait
l'entrave la plus funeste à la liberté de la presse,
puisqu'elle empêcherait la manifestation des vérités
les plus utiles.

Il appartient donc à la loi seule de préciser les crimes ou délits qui peuvent se commettre par la voie
de la presse, de déterminer les peines auxquelles ils
peuvent donner lieu, et dont l'interdiction temporaire ou définitive des Imprimeurs qui auraient pré-
variqué, feraient partie. Il appartient aux seuls or-
ganes de la loi de faire l'application de ces peines.

Alors les Imprimeurs, solidairement responsables
avec les Auteurs, des ouvrages qu'ils impriment et

répandent, offrent une garantie suffisante contre tous les abus de la presse.

En effet, quel Imprimeur probe et instruit, trouvant de nouveau dans sa profession, jadis honorable, des moyens d'existence et un état assuré, voudrait, pour un gain honteux et casuel, s'exposer à la perte de cet état, de sa liberté, et même à des peines infamantes ?

La responsabilité de l'Imprimeur est de droit rigoureux ; car il est l'égard de l'Auteur, ce que le *recéleur* est au *voleur*. L'Imprimeur sera complice du crime, parce que le crime aura été pour lui l'objet d'une spéculation coupable. On ne peut le supposer assez ignorant pour imprimer sans discernement un ouvrage criminel ou dangereux ; dans ce cas, il ne pourrait continuer d'exercer l'imprimerie.

La fixation du nombre des imprimeurs, qui ne seront désormais admis à l'exercice de cette profession qu'avec les formalités et précautions déterminées par un réglement ; une loi pénale sur les crimes et délits qui peuvent être commis par la presse, sont donc les seules bases sur lesquelles doit être assise la liberté de la presse ; car il est question non de *prévenir* mais de *réprimer*. Le Code pénal ne prévient point le crime, il le réprime par la crainte salutaire qu'inspire au pervers, tenté de le commettre, l'application légale d'un châtiment proportionné au crime. Tout individu a, sans contredit, la faculté de commettre toutes sortes de crimes ; mais peut-il faire usage de cette liberté détestable, sans s'exposer infailliblement aux peines infamantes et afflictives qui en sont la juste réparation ? Aussi la répression du crime n'est-elle, de la part du législateur, qu'un calcul opposé au calcul du voleur et de l'assassin.

Vouloir soumettre l'exercice de l'imprimerie à des mesures fiscales, serait l'équivalent d'une prohibition, et il vaudrait mieux encore rétablir la censure. La profession d'imprimeur est trop aléatoire, pour être soumise à des cautionnemens qui seraient d'ailleurs en ce moment impossibles à réaliser pour un grand nombre d'entre eux. L'imprimeur offrira donc assez de garantie, si sa profession est, comme autrefois, environnée de la considération qu'elle n'a cessé de mériter, que parce qu'elle a été la proie des intrigans de toutes les classes et de tous les partis, comme l'objet des plus abominables spéculations. Si, pour être imprimeur, il fallait être ce qu'on appelle aujourd'hui un *capitaliste* (1), l'imprimerie ou serait bientôt anéantie, ou ne serait plus un art libéral. On serait imprimeur comme on était jadis fournisseur.

---

(1) Le terme est aussi nouveau que le métier. Le capitaliste n'est véritablement qu'un usurier désigné sous ce nom fastueux.

Telles sont les réflexions que m'ont suggérées une longue et sérieuse méditation sur la question actuellement soumise à la Chambre de Messieurs les Députés, et surtout une expérience plus longue encore d'une profession que j'exerce depuis trente-deux ans , sans jamais avoir provoqué sur mes travaux l'attention particulière des Gouvernemens qui se sont succédés.

Je les résume par quelques articles que je prends la liberté de soumettre aux lumières des bons esprits.

Je m'estimerai heureux si j'ai pu concourir à réunir toutes les opinions et à donner enfin à la liberté de la presse une stabilité qu'elle n'a point encore obtenue en France.

PROJET.

Article premier.

La liberté de la presse est la faculté que chacun a de publier son opinion par la voie de l'impression.

Art. II.

L'exercice libre et illimité de la presse n'est ni la conséquence immédiate, ni le résultat nécessaire de la liberté de la presse.

Art. III.

Nul ne peut lever ou avoir d'imprimerie sans en avoir obtenu la permission expresse du Roi, au moyen d'un brevet ou d'une commission signée de Sa Majesté, et contre-signée par le Chancelier.

Art. IV.

Cette commission ou ce brevet ne peut recevoir son exécution, que le porteur, quel qu'il soit, n'ait satisfait, à l'avenir, aux épreuves et aux conditions qui seront prescrites par un réglement particulier émané de l'autorité royale. Les imprimeurs brevetés ou commissionnés par le Roi, en vertu de la présente loi, en sont dispensés.

Art. V.

Nul imprimeur ne peut être interdit, même temporairement, de sa profession, que par l'effet d'un acte d'accusation, par l'effet d'un jugement rendu en police correctionnelle dont il n'aurait pas appelé, ou par arrêt de la cour d'assises.

ART. VI.

Nul imprimeur ne peut être également interdit par l'effet d'un acte d'accusation, au-delà du temps de la durée du procès qui lui est intenté, ni être interdit temporairement ou définitivement qu'en vertu d'un jugement prononcé d'après la déclaration d'un jury.

ART. VII.

L'interdiction temporaire s'effectue par le scellé apposé sur les presses de l'interdit.

ART. VIII.

L'interdiction définitive s'effectue par le retrait du brevet ou de la commission, et par la vente du matériel de l'imprimerie, en vertu du jugement qui l'a prononcée.

ART. IX.

L'imprimeur est passible des mêmes peines que l'auteur, lors même qu'il représenterait sa personne. Il est solidairement responsable avec l'auteur des amendes et dommages-intérêts auxquels peut donner ouverture une plainte en diffamation ou en calomnie accueillie par un jugement en dernier ressort.

ART. X.

Aucun journal ne peut être imprimé et publié, que les auteurs ou propriétaires ne se soient accrédités et fait reconnaître au Directeur général de la police du Royaume, par un acte extrajudiciaire qui lui sera personnellement signifié. Les auteurs et propriétaires seront tenus, en outre, à peine de suppression de leur journal, de placer en tête de leur journal, les premiers

janvier, avril, juillet et octobre de chaque année, un avertisse-
ment qui indique leurs noms, qualités et demeures.

Art. XI.

Les crimes et délits commis par la voie de la presse, ainsi que
les peines qui doivent y être appliquées, sont l'objet d'une loi
spéciale et particulière.

APERÇU
DU SECOND PROJET.

ARTICLE PREMIER.

L'ABUS de la presse donne lieu à des crimes et à des délits.

Art. II.

Les crimes sont, 1°. la provocation à la sédition, au meurtre,
aux outrages envers la personne du Roi, sa famille, les or-
ganes de la loi et de la justice, les fonctionnaires publics, et
enfin tous les citoyens sans distinction ;

2°. La diffamation ;

3°. La calomnie ;

4°. La clandestinité. Celle-ci est de trois espèces : la première
est d'avoir une imprimerie sans la permission du Gouvernement
et de la soustraire à ses recherches ; la deuxième est la publication d'un ouvrage quelconque sans nom d'auteur et d'imprimeur,

bu avec des noms et des demeures imaginaires ; la troisième et la plus criminelle de toutes, est la substitution du nom d'un imprimeur existant à celui du véritable imprimeur. Elle donne lieu à l'action de faux et doit être punie de même, sans préjudice de dommages-intérêts considérables dus à l'imprimeur lésé, proportionnés au préjudice qu'il aurait pu éprouver, ou qu'il aurait effectivement éprouvé. Une imprimerie clandestine doit être considérée comme un atelier de fausse monnaie.

5°. Le faux en matière d'impression.

Les délits consistent, 1°. dans l'impression et la publication des livres contre les bonnes mœurs ou qui pourraient troubler l'ordre social, sans cependant contenir aucune des provocations ci-dessus spécifiées ;

2°. Dans l'infraction du Réglement particulier de police et de discipline intérieures applicable à l'imprimerie et à la librairie.

Il ne m'appartient point de faire l'application des peines aux crimes dont je viens de présenter seulement en aperçu l'affligeant tableau ; c'est à la sagesse du Législateur qu'il est réservé de bien préciser les crimes et les délits de la presse et d'y appliquer des peines proportionnées. Je dois seulement faire observer que les peines applicables à la diffamation et à la calomnie doivent être graduées d'après l'importance des fonctions ou de la condition des individus diffamés ou calomniés.

Il en est de même des dommages-intérêts qui doivent

être proportionnés au tort qui pourrait résulter de la diffamation ou de la calomnie. Ces dommages-intérêts doivent donc être distribués en différentes classes , dont la conscience et les lumières des juges feront la juste distinction.

De l'Imp. de BAUDOUIN , rue du Cimetière-Saint-André.
Juillet 1814.